JN411344

죽지 않는 나로 살게 하소서

백명자 시집

오늘의문학사

◆서문◆

누가 나더러 시는 왜 쓰느냐고 새삼스레 묻는다면, 눈치 볼 것 없이 감정을 직서할 수 있는 마력에 이끌림이라고 말할 수 있다. 봄볕이 화사한 시간, 눈부신 햇살이 주변의 사물을 이끄는 시 한 편, 한 편은 과거와 현재와 미래를 어우르는 삶의 산 실이기에 더욱 그러하다.

때로는 비판적, 풍자적인 시심으로 부조리나 불의를 지적, 고발하고 그걸 바로 잡아 정의사회 구현에 앞장서는데 일조해야할 것이다. 표리부동할 수 없는 길이 글을 좋아하는 사람이 가는 길이라 생각하기 때문이다.

종착역이 가까워지는 간이역에서 내가 머문 자리에 아름다운 흔적을 남기고 싶어 하나씩 정리하다 보니 내 작품을 통해 독자들의 스트레스를 떨쳐낼 수 있는 만족을 주는 베풂의 시를 써서 공감대를 이룬다면, 나로서는 분외의 보람에서 오는 것임을 감사할 일이다. 그리고 이제 서서히 내릴 준비를 해야 하기 때문이다.

문인의 길에 안주할 수 있도록 아낌없는 조언과 훈육으로 성장시켜 주신 모교 건양대학 정경일 교수님, 김병국 교수님, 조남익 학장님, 리헌석 회장님께 감사를 드리며 2집을 펼칩니다.

●●● **차례**

2부 발길이 멈춰선 곳

3부 장독대를 보며

4부 홀로 걷는 길

1부

반송을 심으며

연蓮 밭에서

진흙 속에서 우주를 박차고
출렁이는 물 위에
올려 민 꽃대궁
흰빛, 분홍빛 절정
그걸 보려고 숨을 죽였다.

한때 후려치고 지나간 소나기
쪽빛 여우비에도 굴하지 않은
몇 방울의 땀
거름이 된
시간의 낙하

지구를 예순 다섯 바퀴 돌아
호수에 비친 내 그림자
꽃대궁 올리고 있다는 것을

감자 생채기

다시 태어나기 위한 고통이다

성급한 눈을 뜬 육신
쪼개질 때마다
조각날 때마다
아으 보릿고개
허기를 채우려고 참았다

생채기 난 몸뚱이 묻힌 땅
하짓날 만나자는 약속
세고 세면서
제각기 터를 잡아 흩어질 때
허기져 죽지나 않기만을…

싹 틔울
햇살 한줌 받으려는
치열한 실뿌리의 뻗침
솟아오른 꽃대궁 밑둥마다
후끈한 모성애 부푼 젖가슴
더 이상 허기질 일 없으리.

다듬이

명주올 올올이
튀는 듯 화강암 치는 박달나무

깊은 밤
대숲의 시린 바람
글 읽는 지아비
심신 달래주는
아낙의 잔잔한 잦은 가락

기름등심지도 조우는
깊어가는 밤
설핏 잠든
은장도보다 날카로운
시어머니 호통
한숨짓는 아낙의
무겁고 느린 가락

번뇌를 떨치려고
어둠을 더듬는 나긋한 소리
느린 삶의 여유라 했나

반송을 심으며

훗날 서제를 짓고
노후 벗이 될 반송이랑
과일나무 한두 그루씩 심으려 한다.

사람 키를 넘는
무성한 잡초
무서운 줄도 모르고
힘든 줄도 모르고
하늘만 보고자란 잡초들과
한판 승부를 낼 작정이다

반항하다 뽑히고 말걸
제멋대로 자란 무지한 잡초
내손 무서운 줄도 모르고
몇 번씩 거부한다.

모든 사람의 손
때로는 남을 헤치기도
때론 약손이 되는 손
잡초에게는 인정을 베풀 수 없는 손

후회 없는 생生 기도로
그루터기를 판다.
구슬땀 떨어진 자리마다
더 푸르게 잘 자라다오.

닭장을 지으며

매일 적자 난 가계부를 쓰다
더 이상 쓸 용기가 나지 않아
준비도 없이 병아리 6마리를 사왔다.
낯선지, 어미를 찾는지
삐악대는 소리 방안 가득 요란하다.
뒤뚱거리며 모이를 쪼아대다
저희들끼리 무슨 소리를 하는지
옹기종기 모여 조용하다.

하루 이틀 망설이다
아담하고 멋진 병아리 집을 짓기로 했다.
파이프를 세운 네 기둥에
굵은 철사를 양쪽으로 끼워
그물망, 비닐을 씌우니 천적도 막고
아늑한 보금자리다.
답답한 박스 속에 있던 병아리들
새 집에 들이니 신바람이 났다.
모이 주는 어미로 아는지
종종거리고 나를 따르니
어찌 아니 귀여우랴.

잡초

여리고 순한 것이
세상 무서운 줄 모르고
불쑥 불쑥 앞다투어 나온다.

어쩌면
큰손에 뽑혀 버릴지도
큰 발에 짓밟혀 생을
마칠지도 모르면서
산다는 일념으로
수천 번 몸을 일으켜 세운다.

푸른 초원 꿈꾸었던
밭고랑, 이랑 넘다
호미 끝에 찍히어 깨진 꿈
한풀이만 남아
밟히고 밟히다 뽑힐지라도
생명의 끈을 놓지 않는
나를 보는 것 같아
한 포기를 바로 세워주고 싶다.

참깨를 심으며

화전 밭도 아닌데
돌멩이가 많다
삽질은 엄두도 못 낸다.
쇠스랑을 거부하는 돌밭
사정없이 내리찍으면
스파크를 내며 반항을 한다.

잡초와의 전쟁을 피하려
한번
두번
세번까지
파고 뒤집다가 휴전
땀방울을 퇴비 삼아 씌운
검정비닐은 종전이다

서너 개의 씨앗을 들고
고향에서 불어오는
바람 한줌
땡볕 한줌 모아
흙덮기 하루해가 모자란다.

빨랫줄

어설픈 생각들을 말리고 싶습니다.

태양빛에
달궈진 굵은 땀방울 솟은
유혹의 속삭임
풀지 못한 속내

한조각 천일지라도
신열 앓는
여인의 고뇌로 나풀거린다.

만고풍상 겪어낸 숨결을 토하듯
펄럭인다.

저녁노을 감싸 안은 치마폭
찾아드는 한 마리 학이런가.

산이 주는 신약

작은 가슴
순백의 시혼을 펼친
인동의 세월 뿐이다.

서리 묻어
시린 바람 소리
절벽 끝 얼음 골짝
혼자선 달빛 아래
눈물 되어
한줄기 빛을 따라
어둠을 뚫는 여명

행로를 넘는 월동
인생의 절정에서
냉엄한 삼동의 역경
인동의 세월뿐이다.

시간과 자연이
겹겹이 둘러쳐진 산!
산!

차가운 칼끝을 가르는
겨울을 이긴 나무들
잘려져 세운 통속의 꿀은
내게 있어 산이 주는
인동의 신약이다.

비닐하우스를 만들며

하우스 만들기가 쉽지 않은 일
남들은 파이프를 산다.
비닐을 산다.
만만의 준비를 해도 기술자를 부른다.

밭에 오가며
한두 가지씩 모은 재료
망치질 않고도
덩그렇고 널따란 집을 지었다.

몇 날이 지나면 쓰러질 집이 아니다.
태풍이 불어도 끄떡없는
단단한 집을 내 손으로
길이가 4m나 되고 너비가 2m 되게 지었다.

밭농사 지을 연장도 넣고
수확할 때 쓰는 멍석도 넣는다.
올해의 들깨, 참깨농사는
비에 젖을 일이 없으니
고소한 냄새가 풍긴다.

황소의 눈물

꿈을 꾸었나 보다
촌스럽다 비아냥대며
도시로 떠난 친구가 그립다.

해와 달이 머물다간 세월
세상 물들지 않은 키 낮은 외양간

산비탈 황토밭
정적을 깨는 소몰이의 불호령
코뚜레 고삐 당길 때마다
글썽이는 눈물
말똥한 눈가에 거부할 수 없는
누렁이의 순종이다

북적대는 도시보다
저녁노을 풀 향기 마시며
멍에 진 하루의 고단함
달래주는 귀가길
키 낮은 외양간이 있는
시골 지킴이가 좋아서 산다.

보릿고개

햇살을 기다리는
퍼런 보리밭
시린 손 발
뻗다가도 웅크린 동안거

애절한 청보리길
허접스런
눈맞춤에 흐느낀다.

가마솥에 뜸들인
한사발의 보리밥
허기진 시름을 달래던
내 어릴 적

보릿단에 굽어진 등
아버지 내쉬던
한숨소리 귓전에 맴돈다.

고구마밭에서

햇살 한 모금 살며시 입맞춤
어둠을 해젓고 가던 뿌리끝
피어나는 새싹

빨갛게 물들어 달아오른 몸
주체할 수 없어
이 방 저 방 터 닦아
꾸며 본 둥지

주위를 빙빙 돌다
해거름 판 노을벨 울리면
더 깊게
다리를 깊숙이 뻗는다.

계절을 건너온 지친
도심의 야경처럼
힘을 다해 땅속을 더듬는
온기에 가부좌를 튼
고구마 대가족

봄날에

눈꽃이 흩뿌리고 간
나무 가지 끝
작은 꽃잎들이
환상처럼 부풀어 오른다

지워지지 않는
희미한 기억 속에
고단한 세월이 부려놓은 짐
흐려진 유리창에
빼곡히 써 놓은 눈물의 편지

바람이 말리고 갈
맑게 갠 하늘 향해 뻗어진
가지마다 터트리는 봉우리
황홀함으로 가득 찬 날

알싸한 봄나물 올린
두레상에 둘러앉아
어머니 손맛 닮아가는
약 된장이 정겹다

불길의 순화

야트막한 논두렁에
연기를 뿜는 불씨는
누가 질러 나를 애태우는가!

숨가쁘게 달려온 바람
부채질에 광대한 불길이 솟는다.

애꿎은 장마비에 맺혔던
한을 풀려는지 춤을 추듯
범상치 않게 타오르던 불길
붉은 불티 날리어
남은 고통까지 태운다.

조밀한 논다랑이
둑 너머로 넘어가는
보름달에 묻혀 식어가는
삶의 긴 여정,

하루쯤 내려놓고
지워지지 않는 꿈을 꾸고 싶다.

한줌의 빛

멍에 짊어진 세상
때를 기다리며
오수같이 넋을 놓은 듯
먼 산 올려다 보며
피눈물 맺힌 가슴을 쓸어 달랬습니다.

지극히 평온한
어머니 손 놓던 날,
정이 넘치는 따뜻함
창문 틈새 새어날까
올올이 매듭지어 다독였습니다.

비와 바람
흩뿌린 뒷날 맑은 햇살
풍요로움에 덤으로
빈손에 거머쥔 호미자루
한 뙈기 땅 이룸에
무뎌지도록 참아낸 인고의 세월
올곧은 마음은 약이 되어
오늘의 나로 서게 했습니다.

뒤틀린 삶에 지쳐 쓰러진 몸
어눌한 말소리 뒤엉켜
아릿한 아픔이 짓눌려 와도
한줌의 빛은 얼어붙지 않는
사랑으로 싹을 트게 했습니다.

빈농貧農

잠긴 문고리 열리는 날
기다리다 다 해진
문풍지 우는 소리,

울다 지친 문풍지 소리가
웡!
웡!
헐어진 헛간의 추녀 아래
낙수소리 고뇌를 털어내는
적막을 깬다.

아침햇살
텃밭 둔덕 베개 삼아
봄잠을 깨우는 뻐꾸기 소리
앞서 재촉을 한다.

누가 올 것 같은 이봄!
아지랑이 여상如常히 노니는
산다랑 논에서
발걸음소리를 가린다.

넘치는 배짱

길거리를 배회하던 한설
은은한 떨림으로
나뭇가지에 앉는다.

따스한 품이 그리웠는지
아파트 숲을 기웃댄다.

허허로이 떠도는
부표 같은 마음
빈들의 냉기보다 더 매서움
허전한 꿈처럼 부재의
하얀 발자국이 편치 않을까

오늘의 삶을 살아가는
햇살 비집은 상기된 얼굴들
살아가다 꼴값대로
흔들림이
밉지만은 않다.

넘치는 배짱은 자산이기 때문이다

낡은 손수레

골격만 앙상하게 녹슨 손수레
보조바퀴 없이는 시동도 안 걸리는
반지르한 손잡이 휘어잡은 손등에
성깔 난 듯 툭툭 불거진 혈맥 위로
우산처럼 펼쳐진 검버섯이
무거운지

정오를 넘어가는 한나절
가쁜 숨 토하시는 십일호 노기사
몇 뿌리 사 넣은 장바구니 야채들이
제 세상인 듯
땅 냄새 따라 뿌리 내릴
중심 잡으려 애를 쓴다.

햇살 등에 업은 오후 두 시쯤
기다리지도, 묻지도 않은
엉거주춤한 걸음걸이가 느슨해진다.

이십년 후의 나를 보는 듯
눈시울이 젖어든다.

조용히 다가가서 드린
따끈한 빈대떡 받아든
옹이진 손마디가 더 굵어 보여
마주보는 눈가에 이슬이 맺혔다.

장독대 여정

넉넉한 할머니 몸매
우기가 몰려와도 끄덕 않는
근육질 사모하다
혼기 놓친 그녀의 청혼
기다린 듯
우직한 품안으로 끌어안고
지그시 이르는 말
끼리끼리 살자며
푹 빠진 사랑

정갈한 할머니 흰 앞치마
주름 사이 꼬깃돈 꺼내어
무병장수 기리는 참숯을
고추 닮은 아들 낳아라!
사들고 오신 날
진통을 이겨낸 메주의
구박받은 무언의 외침인가!
농익은 고추장 향이
뜰안을 돌아
골목길까지 시위를 한다.

자주감자

— 팔순노인을 간병하면서

짙푸름이 어제 같던 꽃꼬투리
일탈이 임박해져 번데기로 안주한다.

툭툭 불거져 넘쳐났던 기세
차마 못 잊는 이십 년 전
오뉴월 땡볕에라도
데워 볼 욕심을 내다
배불뚝이가 되도록
헛물 들이켜 짓무른 씨눈을
감싸안은 자주감자

동공을 가리는 눈곱
그것도 힘이 부치는지
헛손질하다 빛바랜 할멈 사진 든 손
떨림을 차마 볼 수 없다.
사투를 벌이는 암투병
하루는 길기도 한데
복사꽃 웃음 짓던 할멈 기다리다
회포를 풀길 없어 깊은 잠을 청한다.

문밖의 손님

아직 차가움을 느끼는 이월
바위 속으로 움츠렸던 파도가 고개를 내민다.
파도를 반죽하고 훈풍이 분다고
햇살이 바람이 자꾸 귀 좀 빌리잖다.
눈을 감아도 보이고 숨을 멈춰도 느껴지는
봄은 자꾸 마음을 두드린다
까닭없이 가슴이 두근거린다.

나무도 바람도 서둘러 봄 마중 나온 마을 어귀
한 뼘씩은 자란 아이들 등을 떠민다.
여기 저기 손을 내밀어 부르는 연둣빛 손짓
꽃이 산에만 피랴,
바다에도 빈들에도
넉넉히 채워주는 골목 구석구석
따뜻한 바람이 불어댄다.

마른 나뭇가지에도 나날이 여물어가는
봉우리가 봉긋봉긋 부푼다.
혹독했던 지난겨울 우리 집
문밖에 와 있는 손님은 봄이다.

양파

한줌의 흙에 누워
달 같은 꿈을 꾸었다

살 시린 세월 지나
누군가에게 얽매어
겹겹이 찢기는
생채기를 낼 때마다
알싸한 매운 향의 저항

떨어지는 진주의
꿈은 조각나지 않았다.

내 안에 깊숙이 스며든
하얀 마음은
아직도 고결한 꿈을 꾸고 있다.

누가 사월을 잔인하다 했나!

응어리진 눈물샘
언 가슴의 진통을 녹여줄
햇살이 설한과 살풀이를 한다.

눈빛만으로 읽어내리는 연둣빛
신의 음성이 들리는지
혹독한 겨울
자양분을 휘감는 용틀임

흙바람 한 짐 부려놓고
터질 듯 밀어올리는 땅심처럼
타다 남은 가슴팍을
봄바람이 넘나든다.

산등성 바위 틈새 뽑힐 듯이
뿌리를 드러낸 나무
덤불진 머릿결
거친 손으로 빗겨 올리며
불타는 철쭉꽃 담아
골 깊어진 미간을 다림질 하는 사월.

2부

발길이 멈춰선 곳

자목련 밑에서

바람 한 점 스칠 때
가지마다 보송보송
꽃눈이
금시라도 터질 듯
눈길을 끈다.

흔들리는 묵시
실체로 숨쉬며
어둠의 뜰아래
잉태된 소망

욕망의 아침에 태어난
한 떨기 꽃

목련

바람만 가득 걸린 가지에
하얀 몸부림으로 달려와
해맑은 미소 짓는
초연한 너의 모습
천계天界의 길을 틔우려
그리움도 참아온
너를 기다린 날들
그것만으로도 행복했다.
아무런 흠이 되지 않는
마음과 마음이 설레며
기쁨의 배려로 시작된
사랑뿐이었다.

춘심春心

걸어 잠근 빗장
삐걱댈 때마다
부풀어 오르는 앙가슴
주체할 수 없어

간밤에
벙그는 열두 송이 꽃봉오리
터트릴까 말까
수런거리다 잠못 이룬 밤

눈이 부시도록
찬연한 불씨 하나
뜨겁도록 안으려
내젓는 손짓

밤새 내린 꽃비에
몸서리치는 꽃대가 운다.

녹차 향

먼 길을 돌아온
풀잎 향의 설렘

한잔의 녹차에
턱밑까지 시린 가슴

달아오르는 전율
불사르는 마지막 밤

맴을 돌다 지친 향
신선 좇아 너머 보는

산등성이까지 휘감아 돌아
또아리를 튼다.

봄맞이 1

이른 봄날
봄을 캐어 나르는 오후
눈부신 햇살이 돋우는 기운
주체할 수 없어 몸을 비틀며
조잘거리는 꽃망울들
저만치 양지쪽
봄 마실 나오려 태동하는 만물들
들썩이는 흙을 만져본다!
코끝에 와 닿는 깊은 향
언빰에 비벼대는 순수한 몸짓
따스하고 보드라운 촉감
금세라도 올려 밀 듯한
유혹하는 햇살 따라 나들이 나온 새순들
엿보던 칼바람
봇짐 싸고 줄행랑친다.

봄맞이 2

세월이 익어가고 있다
봄이 내려앉은 장독에서
기다림 속에 흘러온 봄
긴 침묵과 인내로 안아온
내면을 삭여
다시 오는 봄은 열아홉이 있다

봄의 잔잔한 파도가 일렁인다
기다린 시간이 온 줄 알고
이럴 줄 알았으면 더 오래 서 있을 것을
지나간 봄이 서러웠다 한들
이 봄은 더 이상 흔들리지 않는다.

골목길로 찾아든 햇살
아직은 이른 듯하나
겨우내 나를 위해 만든
연분홍 새옷 싸들고
부송이 눈뜨면 찾아오시는 그 날
겹겹이 낡은 옷 벗어버리고
맞으란다, 새하얀 봄을.

봄이 오는 소리 1

해묵은 나이테
파랗게 멍든 고뇌
보라 빛으로 한껏 부푼
은잔 속의 봄을 기다린다.

팽팽히 당겨 앉아
뿌리 내릴
뜰밖에도 마당에도
해빙의 들바람이
쏟아놓은
봄바람이 들썩인다.

눈부신 햇살에 이슬 터지는
진통의 소리 듣고
잠을 깨는 새싹들
메마른 강아지 집 지붕 위에
만물이 기재개를 켠다.

봄이 오는 소리 2

물보라 일으키는
해빙기의 들바람 왁자지껄
앞마당에 쏟아지던
따사로운 햇살 받아

한꺼풀 벗겨지니
오르내린 층계마다
한숨 돌린 내 안의 설움

가파른 언덕길
강바람 일거들랑
무심한 지평선 따라
흘러나 볼까

머물던 바람 신음소리
팽팽이 당겨 앉아
듬직하게 뿌리내린
파란 영혼의 숨결

발길이 멈춰선 곳

남쪽 바닷가
넘실대는 물 밖으로
오는 봄이 눈에 보인다.

떠돌다 지나갈 하얀 바람
깊은 속내를 알 수 없는
봄볕의 잔소리가
앞으로 왔다 뒤로 갔다
철벅대는 숨소리가 들린다.

어둠이 내리기 전 더 투명해지는
햇살이 땅에 잘 스며들도록
속살을 들썩이는 손길의 고담함을 아는지
집을 향하는 바닷새 날갯짓이
갯벌에 내려앉는다.

대문을 들어서는 순가
보드라운 봄비가 방울방울 내려앉는다
이 비가 그치면
봄꽃들이 꽃길을 내어 웅성거리겠다.

봄꽃들

눈길 닿는 곳마다
발길 닿는 곳마다
아름답지 않은 곳 없는
봄의 전령사

봄바람에 들뜬
산수유 도란거리다
터트린 봉긋한 꽃망울
하얀 미소 짓는 목련은
꽃샘바람에 시달리다
울어버린 이른 봄날

흙에 던져놓은 꽃씨 하나
틈새 열고 속삭이는 새싹들
선홍빛
지천으로 꽃물 들인
진달래가 환호한다.

오지마을에서

꽃이 피는 소리 꽃이 지는 소리
바람 소리 모아
욕망의 샘이 흐르는 오지마을
끊임없이 갈구하는 꿈을 꾸는
아버지와 아들 토종꿀 손수 내리는
한낮의 초가 아래
내려쬐는 햇살이 따사롭다.

사는 맛을 보여주는
널브러진 살림살이가 편안해 보이는
인적이 드문 골짜기 여울물 소리가
내 안의 침묵을 깨워
조여든 가슴을 두드린다.

소중한 삶의 추억들로 촘촘히 쌓인
발걸음은 돌아갈 길을 묻지 않는다.

여우비

핑크다, 바이올렛이다
어쩌면 저리도 고울까

할 수만 있다면
내 안으로 다 안아 보고픈 욕망
죄값을 잉태한 내 곁에
바싹 다가온 도깨비불이
모두 살랐다.

바르르 떨고 서 있는 어깨 아래
살아있을 작은 불씨
우우 소리 내며 흔드는 바람이
아직도 한계를 벗어나지 못한 채
타다 남은 창문틀로 스며든다.

허무한 시간
자글자글 끓어오르는
철 모르는 아지랑이
야유하는 여우비 사이
소소한 미풍에도

몸을 떠는 호접란
그을린 잎새 모서리가 운다.

아름 달래 주려
나빌레라 나빌레라 다가오는 봄에

숨겨둔 들꽃 사랑

내 영혼에 숨겨둔
들꽃 이야기
혼자여서 외롭고
지친 날이면
생각이 난다.

바람이 불면
외침이 들리는
그 곳에 가고 싶다.

이대로 살라고
그렇게 살라고
그 품에 안기어
욕망의 허물을 벗어 놓으란다.

저마다 바라는 행복은
저 만큼 멀게만 느껴지지만
오늘의 향기로 족하지 않느냐고.

바닷가에서

그곳에 가면
향기로운 세상이
열리는 환상에 젖어
오랫동안 걸을 수 있는
아침의 바닷가

젊었던 날
한 폭의 치마로 담아 올릴
그 바닷가에 가면
바람 불고
아득한 강물이 흐르는
일렁이는 물결

바람자락 뒤로
뱃전을 치받고 부서진다
무수한 속사연을
긁어오는 바람의 행진

그림자 저으며
선창을 흔들고 가는 소리

장미

땡볕의 앙금은
붉은 가슴으로 피었다.
무뎌진 가시를 보며
바람이 부는 날
후드득 떨어진 꽃

구름 사이로
바람 일어
초겨울인 양
얼얼한 뺨 어루만지며
소매 끝에 시림으로 맴돈다.

하얀 꽃가루 쓸어내는
바람이 잠잠해진 후에
복사꽃 만개할
그 때쯤이면
더욱 아름다운 모습으로
다시 피어날 너를
오늘도 기다린다.

달맞이

한때의 영화를
상실한 거리 배회하다
생활의 빈터를 메우던
한줌의 햇빛 그리워
두툼한 잠바 속에
목을 들이밀며
넋두리하는 아줌마

골목 어귀를 속절없이
맴돌다 부표 같은 거친 손
오래 비워둔 차가운 아랫목에
보듬은 불씨 하나
어둠을 밀어내는
보름달을 기다린다.

구름을 보며

무엇을 그렸을까?
내 안의 그림은

비워냈다 싶으며
어느 사이 채워지고
욕망은
사색에 젖는다.

눈길을 끄는 오지마을
손수 뜬 토종꿀에
묻어나는 정
햇살이 내리쬐는
한 채의 지붕 아래

깊은 데로
샘물은 흐르고
끊임없이 갈구하는
소중한 추억들이
내 안에 촘촘히 쌓인다.

빗소리

엿새째 이어지는 열대야 현상
한 줄기 강바람을 기다리는
칠흑 같은 밤
홀로 내리는
밤비의 발자국 소리가 들린다.

낙하를 결심하기까지 몇 번을 망설였을까
까마득한 허공에서
속수무책 뛰어내리는
저 빗소리의 비명
콘크리트 바닥에 떨어지는 절규가
한적한 골목길까지 두드린다.

아스팔트 바닥을 치는 무수한 발자국
한발도 들여놓지 못할 캄캄한
하수구 아가리로 한꺼번에 몰려간다.

안부를 묻는
눈부신 무지개가 유난히도 곱다.

연날리기

바람이 좋은 날
자르고 붙이고
끼워 만든 마음
인산인해에 빠져
땅을 떠나 오른다!

추락을 조롱하듯
길 잃은 두 날개
바람을 잘못 탄
날갯짓의 순응
난다 난다 하늘 향해

바람에 마음을 싣고
당기면 다가오고
풀어주면 멀어지는 여운
온 종일 어설픈 손짓을
얼레는 조롱한다.

산행에서 1

좌우를 가득 메운
지축을 울리는 둔탁한 소리

쿵!
삭풍에 상처 입은 옹이가
눈길에 내굴린다.

하늘로만 치솟은 노송
반쪽이 설언 위에
굴렀다 한들 굽히지 않는
도도한 기품

노을 질녘
얼레빗에 마지막 금실 모아
못다 한 인연의 정
한 땀 한 땀
깊은 뜻 새겨 지은 수의 입혀
반쪽을 안아 재운다.

산행에서 2

빙판길 내디딘 골목
얼떨결에 노송의 품에 안긴
아픔을 참아내는
탄식이 들린다.

지축을 제 땅인 양
자리 잡은 냉 얼음
좌지우지 억지를 부린 민망이
노송을 더욱 아프게 한다.

얼마쯤 걸었을까
아직도 십여 리를 앞두고
통나무가 전부인 작은 휴식터
의자에 몸을 맡겨
몰아쉰 한숨을 토한다.

설산에서

지난 밤, 소리 높은 산
아직 풀지 못한 뒤엉킨 욕망
끝없이 피어나는 때 아닌 눈꽃들이
지난 해 칩거한 아픈 삶
손을 흔들며 춤을 춘다.

행복한 기억을 더듬는 깊은 속내
차가운 눈송이에 가려진
연둣잎 봉오리가
온몸을 감아올리는 물오름에 부푼다.

억눌린 설움도 바람의 시달림도
백년의 기갈을 참아내다 드러낸
텅 빈 마음으로 다 내어준 자리

잡목의 눈꽃 닮은 내 머리 위로
태양이 찾아와도 한번 정한 마음
천년이 흘러도 변하지 않을
눈꽃처럼 펼쳐나갈 순백의 평안을

민들레 1

샛노란 함지박 웃음
풀밭이면 어떠랴
나무 사이라면 어떠랴
해마다 벙긋벙긋 웃다 지쳐
반백년이 넘는 세월
하늘 높이 빈 메아리만 남기고
홀로 허우적대는
바람에 취해 춤을 춘다.

향방 없는
내 갈 길 어드메인지
그리다 그리다
말없이 흩어진 해해년년
영원히 닿지 않은 재회의 기대
홀로 허우적대는 발걸음 걸음
흐르는 눈물이 빈 가슴을 메운다.

민들레 2

어느 꿈결인가
나직이 다가온 햇살이
겨울잠을 깨운다
바람은 맨발로 뒹구는
나의 친구 되고
꽃잎으로 터지는 소리 들린다.

바람 부는 날
하늘로도 능선에도 오르다
풀이며 나무며
작렬한 태양과도 맞서
울부짖는 비명
고독한 씨앗
토해내는 갈증은
누워있는 것인지
앉아있는 것인지

어디에도 미련두지 않는
땅 끝에 나직이 앉아
꽃대궁 올릴 날을 기다린다.

가을 문턱

화살표 방향으로 흘러가는 시간
텅 빈 자리 엮어가는 변화의 세상
먼지만 한 움큼 움켜쥐고
매번 탈출을 시도하는 미래
대롱이는 마지막 잎새
고엽나무 주위를 서성인다.

분진과 소음 모르는 채
황금 빛으로 피어
그늘진 삶을 눈부시게
노래하다 여문 씨앗 바람 손에
멀리 날려 보낸 민들레가
부러웁다.

심란한 행보들만
망각 속에 사로잡혀
술렁대는 하루가 길다.

낙엽

후두두 빗방울에
놀란 초록 잎새
질렸다, 노랗게

살기 위한 모험
빈 들판
왁자히 내려앉는 철새 따라
비행을 시도한다.

사정없는 교활한 북풍
흰 도포자락 휘날릴 때마다
잘려나가는 팔 다리
생채기에 눈길도 주지 않는 동장군이
어찌 반가우랴!

가을 호수

물 안으로 언뜻
얼비치는 푸른 하늘
만추에 산 하나
그대로 안은
가을은 서러운
노인의 뒷모습이다.

가늘게 흐르는 물 위로
불덩이를 삼키다
진저리치는 가을 산
바람에 스치는 향기를
태우다, 태우다
그토록 뜨거움이 넘쳤던
시절을 그리워
태워버린 조용한 구도자일까

텃밭에 머물던 아기구름은
메밀꽃 위를 노닐고 있는데
자욱한 물안개에
젖은 옷깃이 차갑다.

청솔의 고독

적막강산
서걱서걱 삽질하는
바람 소리,
소스라치는 잔가지들

바로 그때,
청솔 한 그루 부둥켜 앉는
마구 퍼붓는 이슬
고독의 숨소리를 듣는다.

그 푸르른 울음
소리죽여 흐느끼며
산비탈에 묻고 살아온
세월이 오늘뿐이더냐

비질하는 삭풍
모질한 서러움도
풀어내는 푸른 숨결
흐린 달빛
꼭두새벽에도 신열은 타오른다.

담쟁이

1
곡예사 같은 어린 너
깎아지른 벽에 일생 건 갈퀴손
겁없이 오르다
시퍼렇게 멍이 든 곡진한 삶

시름을 벗어놓고
번뇌도 털어내는
한가위 보름달 그리워
구름도 비켜가라
재촉한다, 바람에게

2
하늘빛 궁금한 충전의 시간
제철을 만난 듯
손톱을 세워 움켜쥐고
화려한 외출을 시도한다.
끈질기게 오르다
삶의 무게 실감할 때
쉼표 하나 찍은 허무함

뼈에 사무치도록 아려온다.

서리 내린
어느 날
처절한 내리막길에 설 줄이야.

호숫가에서

푸른 숲 품고 있는
한가로운 길
서두르지 말고 쉬어가라
발길을 붙든다.

쪽빛 아래 바람
나와 하나 되는 그 길
잠시 마음을 내려놓으니
추억을 남긴 흑백의 기억들이
꽃같이 피어오른다.

조용히 타이르는 호수에
내려앉은 산 그림자
민초의 애완을 부려놓은 짐
깊게 새겨진 나이테를
노을에 두고 온다.

향나무

한 시대 울고
울부짖는 한 방울의 물이
몸부림친 고통

오랜 비바람에도
목숨 내건 갈증의 외마디
보이지도 들리지도 않는
홀로 내뿜은 인고의 불꽃인가

화려함은 아니련만
각반의 자자한 칭송
단단한 결로
늘씬한 몸매로
귀히 여겨 넘쳐난 사랑.

캠퍼스에서

눈부신 햇살에
벙그는 꽃봉오리가
부러진 가지에
홀로 핀 꽃을 쏘아본다.

깊은 뿌리 내리고
솟구쳐 돋아난 옹이
잊혀진 기억 속에
피어난 꽃이라
수군대는 소리가
귓불을 때린다.

이순을 거부하다
잠시 머문 자리
하늘을 바라보니
여전히 파랗기만 한데

메주

네모라서 못생겼다
하나가 된 반죽덩어리
구박하고 괄시 받아도
미인보다 푸근한 가슴
구석구석 외진 곳
틈새마다 접어둔 푸념
뭉그러진 하소연 한다.

잊고 살았던 깊은 세월
접어둔 꿈이 생시 같아
초당에 정자라도 한 칸 세워
기다리다 열어 놓은
문틈 사이로 들어서는 햇살

항아리에 내려앉아
막혔던 숨통이 뚫린
발갛게 상기된 미소.

잠시만 거기 서 계셔요

산다는 건
끊임없이 묻고 가는 길
능선을 타고 온 바람이
홍건히 반갑다.

봄나물 한 소쿠리로
충만해진 눈부신 봄,
이 봄이 아니었다면
저 봄이 아니었다면
세상을 둘러본 꽃자리
살면서 느껴본 욕심,
채워도 채워지지 않는
설렘을 봄바람이 흔든다.

떠나간 사람들이 머물다간 흔적들
몸과 마음이 반쯤 피어있는
지난 봄 잠시 다녀간 노란 꽃길
세월과 마주한 몸짓
봄 햇살 부둥켜안고
바람과 입맞춤하며

다시 찾은 산수유
능선타고 온 봄바람에
축축했던 마음을 내다 말린다.

그리움

나뭇가지에 흩뿌린
눈꽃 지더니
환상처럼 부풀어 오른
작은 꽃잎들이 도란거린다.

한고비 돌아도
지워지지 않은 눈물
희미한 기억으로

바람이 말리려다 남긴
얼룩진 자국마다
그리움은 안개꽃으로 핀다.

3부

장독대를 보며

공감

과거와 현재의 투박한 벽을
가로지르는 차창 밖 풍경
세월의 꿈과 현실이 멈춰진
한적한 겨울비가 내린다.

알 수 없는 인연의 질곡
산자락에 에두르는
강가에 묵묵히 서서
누군가를 그리워하는 무채색으로
기다린 가슴을 적신다.

바람과 햇살이 돌아가며 채워주는
안개 걷힌 능선을 돌아온 내비게이션은
처마 끝에 마음을 내걸고
기다리는 어머니 곁으로
길을 재촉하고 있다.

나의 어머니

백년을 돌아보신 세상 끝자락
외로움과 사투를 벌이시는 어머니
8남매 자식들 뿔뿔이 흩어져
어머니 안부도 묻지 않는다.
환청으로 다가오는 아들들의 목소리
그리워하다 지친 날들,
하늘과 땅을 오르내리는
눈부셨던 꿈,
산산이 부서진 조각들을
눈물로 하나씩 모으며
서럽게 우시는 어머니
한사람의 보살핌으로 채워드리지 못한다.
엄마 젖가슴 파고들던
고사리 손 아른거려 잠못 이루는
깊은 심연,
듬직한 아들들을 기다리시는 어머니.
드넓은 세상
알몸 덩그러니 남은 허전함
세상과의 이별은 머지않은데
고작 새우잠이 전 재산이시다

그리움과 고독의 독한 악취가
어머니를 더욱 슬프게 만드는 하루하루
이고 진 짐 다 내려놓고
낮과 밤 없이 오가는 혼절을 하신다.
100년을 사시는 동안
다섯 번의 생채기를 낼 때마다
보호자는 서약을 했다.
'나 좀 살려줘, 원장님!'
생의 애착을 갈망하는 어머니,
그 한 마디가 메아리로 귓전을 맴도는
어머니 환후의 소리에 눈시울을 적셨다.

*2011년 11월. 충대병원에서 4번째 수술하던 날

미아가 된 안경

두 눈에 흠뻑 고인 눈물
떨어진 자국마다
아른대는 모습
함께 했던 시간
해맑은 미소 잃지 않던 너,

넋두리하다
버팀목이 되지 못한 원망의 소리
뿌연 내 눈을 밝혀 주던 너,

그냥 주저앉아 기다리다
지친 큰 눈 가득 글썽일 눈물
저녁노을 기우는 하루가 야속하다

어디쯤인지, 꿈에라도 보였으면
가끔은 꿈을 꾼 듯
대물려 주신 어머니 사랑 농익어
내 모습 보일런지
낯설음에 울고 있을 너를 찾아 헤맨다.

그 해 여름

긴 여름 호미자루와 시름하던
언덕배기 사래 긴 밭
후줄근한 한숨으로 푸시던
어머니 모습이 선합니다.

넓은 품으로
짙어가는 들녘을
품어안으신 노을진 생애

첫째,
둘째,
셋째,
넷째 손자들 조잘대는 소리에
어둔 귀가 밝아지신 어머니

이순의 막내딸이 그 자리에
앉아보니 한숨 지으시던
어머니 마음을 알 것 같습니다.

작은 아기나무

그린다, 하얀 백지에
그림을 그린다.
앉아서도 산 준령
정상을 오른다.

조그만 가슴 가득 조율하는 물비늘
넓은 바다를 싸 놓을까
봇짐을 풀어내듯
그림을 그린다.

햇빛과 하늘 그리고 흙,
짙푸른 여덟 그루 거목 아래
하늘 닿기를 소원하는
여섯째 작은 아기나무

땡볕에 태우다 붉게 타버린
단풍가족 손 모아 빌어도
바르르 떨고 있는 마지막 잎사귀
구십 팔세 골 깊어진
어머니 얼굴을 눈물로 그린다.

장독대를 보며

고추의 매운 맛 무서운 줄 모르고
엿기름 단맛에 솔깃한 찹쌀밥
말 한 마디 못한 채
섞이고 뒤흔들어
체면 다 구겨져도
깊은 뜻 이루려고 참고 있을 뿐이다.

변함없는 항아리처럼
깊은 뜻 이루려고 참아내신 일생이라고
항아리가 내뿜는
고추장 향이 뜰안 가득하다.
어머니 손때 묻은 깊은 뜻 뿜어내는
가지런한 장독대 드리운 햇살
유난히 눈이 부시건만
오늘은 기척이 없으시다.

의료진이 다녀가도 눈을 감은 채
가끔씩 가늘한 숨만 쉬고 있을 뿐이다.
장독대를 가르키며
내 손을 꼭 잡으신다.

어머니의 병상

도시화 되는 골목길
황소바람 이겨낸
나즈막한 낡은 기와집

어머니의 눈물과 아버지의 땀방울
손때 묻은 세간들만
도란도란 추억담을 나눈다.

너나없이 가난에 허덕였던 시절
다디달게 넘치는 품으로
팔남매를 기르시느라
백 년을 참아내신 어머니

개구쟁이 옷 얼음장 깨어
백옥같이 헹구시던 빨간 어머니 손
기억에서 지워지지 않아
엉거주춤 서성이다
녹여드릴 기회를 놓친
불효녀는 앙가슴을 찢는다.

등이 헐 것같이 비벼댄 삶을 내려놓고
먼 길 가시려 발길을 재촉하시는 어머니
눈 좀 떠보세요, 어머니, 어머니
용서를 빌어도 때늦은 후회
가슴을 친다.

*2009년 11월말, 건양대학병원에서

손마디

고사리 어린 손
꼼지락거리는 손놀림
검게 탈까 조인 마음
자애로운 팔남매 어머니는
일상의 해결사

얼어붙은 개울물 깨어 빨래하는
엄마 곁에 서서
발 동동 구르며
울었던 기억
이제는 어머니를 보듬어 드리며
옛 이야기로 밤을 새운다.

그을음과 먼지로 얼룩진 세간을
유리같이 닦아내다
마디마디 옹이진 손
검버섯이 하나 둘 늘어나
마른나무 뿌리같이
앙상한 어머니 손

지구를 백 번씩이나 돌아오시느라
고생하신 것조차
잊으신 어머니
옹이를 만져드리다 눈물이 난다.

봇짐 싸시는 어머니

목달이 버선목 치켜 올리며
냇가 얼음 깨어 백옥같이
빨래하다 옹이진 손마디
툭툭 불거진 삶,
대언代言을 하듯
켜켜이 쌓인 시름
한 가닥 펼쳐 놓았던 조각구름은
억겁의 세월 동안 억새밭 너머로
보이는 고독의 변환

익산의 큰아들 집
셋째아들 집을 한바퀴
팔순이 된 충청도 큰딸 집
둘째딸네 집까지를 걸어서
하루에 다시던 어머니.
멈칫 멈칫 건너시던 징검다리
간간히 더듬거리시는 기억
화창한 봄날 꽃잎 지듯
하루가 다르게
자꾸만 세상을 정리하신다.

콩나물

촘촘한 방 쪼이고 사는 법을
가르치신 어머니
한순간 마른 목 갈증에
편협하지 말고 허기짐도 견뎌내라
먹구름 소용돌이치던 어둔 세상
종알대는 노란입술
아직도 마르지 않은 눈물 고인 채
편협한 목마름도 참아내라

빳빳한 자신을 돌아본 후라야
겸손히 고개 숙인 한恨 풀을 날 오리니
하늘 한 번 쳐다보는 소원 올리는 찬가

맹물만 마시고도 생명을 나눈 기쁨이어라

씨줄 날줄

한 올 한 올 엮어낸 고운 무늬
인색한 목소리는 어둔 빛 얼굴이요
색색의 조각보를 이은 뜻
어머니 마음 같아라.

때로는 벗어나고 싶었던 날
인고의 시간이며 행복의 샘터

연분홍 복사꽃
씨실 날실 짜놓은
추억의 조각이 새롭다.

쪽진 검은 머리 치마폭 감아쥐고
천궁에 실었던 꿈 오가던 오솔길에
새겨둔
얼룩진 내 청춘은
베틀만 원망한다.

동행일기

지난 그 자리
소중함을 잊고 살지는 않았는지
훌쩍 커 돌아와
황혼 속에 슬퍼지고
육십 년
뒤돌아 보면 앞만 보고 달려오느라
좋은 일을 껴안아 볼 시간도 없었는데
우체통 같은 사람
반복되는 허름한 일상
변하는 세월에 맞추어
기다림에 익숙지 않은 사람들
그 틈새에 끼어
놓쳐 버린 삶
잃어버린 내가 보인다.
꾹꾹 눌러 쓴 마음을 안다.

동반자

어렴풋이 생각나요
청춘을 묶었던 사랑의 굴레
곱고 희던 손가락에
언약의 반지 끼어주던 일
젊음을 아낌없이 태운 연륜
풀풀 날리는 흰머리만 늘어가네요.

내 가슴에 못질 하는 현실
어깨를 짓눌린 무게에 시달리다
이젠 눈물도 말라버렸는지
인생은 그렇게 흘러 기우는 황혼
큰 딸 결혼식 날 흘리던 눈물
잊혀지지 않아요.

언젠가 헤어질 우리
다시 못 올 그 먼 길을
모두 다 서둘러 떠나도
서로를 위해 살다 가기를 원해요
꼭 잡은 손 놓지 말고
남은 생의 여정을 함께 걸어요.

그날 저녁

먼동이 트지 않은 새벽
뒤적인 자리를 털은
부스스한 눈에
낡은 일기장이 들어온다.

곱던 손으로 써내린
하얀 책갈피 갈피마다
누렇게 세월을 읽어내려
피할 수 없는 아픈 사연 가슴에 묻어
빼곡히 마음을 담아 놓은 낯익은 글씨
유리상자보다 투명하다

물안개처럼 피어오르는 추억들
시름도 걱정도 다 덮어두고
소리 없이 찾아드는 외로움
해묵은 대들보는 말이 없다.

뗄 수 없는 인연

살다보면 서로의 갈증
풀리지 않는, 가슴 시린 미완성
소리 없이 떠나 주길 바랐던
질긴 인연의 만남

안주하기보다는
아직도 도전하고 싶은
가디림이 있는 곳

목마른 마음 한줄기
깨어있는 내가 되기 위하여
손수 가꾸어낸 사랑의 뜰
한 장 너른 잎에
지울 수 없는 다섯 이름을 써본다.

붉게 떠오르는 태양만을
가슴에 품었던
일념의 꿈
짓궂은 장마철을 지나 늦가을
알곡으로 남는다.

겨울 파뿌리

—후유증으로 남편이 재입원을 하고

뼛속까지 파고들어
육신을 뒤흔들어대는
칼바람과 활개 치는 눈보라

왼뺨 오른뺨 다 내어주고
줄줄이 말라 죽을 것만 같아
숨어 우는 깊은 밤

한 발 전진 두 발
후퇴하는 덧없음
고통의 시간
십자가를 지고 걷는다.

날 선 검인 듯
한때는 배짱 넘치는 당당함
실낱 같은 한줄기 생명 위한
윤기 잃은 백발의 소원
기도를 쉬지 않는다.

초산

햇살이 후끈 달아
침묵의 커튼을 열고
벙그는 꽃봉오리
설레는 가슴
벅찬 기쁨의 갈채는
온종일 몸부림쳐
첫 아들 낳던 날이 아니던가.

오뚝한 코
초롱초롱 빛나는 눈동자
고사리 손까지 생애
최고의 선물을 받은 날이다.

통증도 잊고
혼자 부른 감격의 노래
삶에 얼룩진 마음
강물에 헹구고
구름 걷힌 휘영청 밝은 달을 본다

아프게 떨어진 꽃잎 하나.

어미의 절규

얼어붙은 산실
싸늘하게 식어가는 새끼
보듬은 넋나간 눈빛

혼신을 다한 산고에 지친 기력
동사된 새끼 사력을 다해
품어안은 모성애
차마 볼 수 없어
살짝 내민 포근한 모포 한 장
위로가 되었을까.

두 귀를 쫑긋 세워
나를 바라보는 젖은 눈시울
주체할 수 없는 슬픈 표정
보살펴주지 못한
내 가슴을 찌르는구나.

나 또한
오남매의 어미였기에
어미니까 아프다고.

나무껍질 손

3월의 꽃바람 소식
엽서 한 장에 쓰려니
몽당연필을 거부하는
사포 같은 손.

쇠스랑, 삽자루 마다않고
해지는 줄 모르고
밭이랑을 떡가루보다 곱게 주무르다
나무껍질이 된
보드라운 손마디마다
불평을 자아내듯
생채기 날 때면 쓰라린 호소를 한다.

아내이고 어미라서
가슴까지 아려도 참아낸 손,
뚝배기 된장찌개
방안 가득한 냉이 향
따사로운 온기로 써내린 봄소식

주말에는 온가족이 봄맞이를 가볼까.

오남매에게

뒤돌아보면
온갖 역경과 시련이 보이나
그 숱한 고비를 뛰어넘은 순간을 맛보는구나!

아가들아
성심을 공유하는 가족이 있어
진실의 아름다움을 외친
이순의 어미
올곧은 미래를 개척하려고
넘어져도 지칠 줄 모르고 뛰었구나!

아가들아
하나 둘 셋 보금자리를 찾아
둥지를 떠나는 날
골 깊은 주름살이 늘어가도
배움의 목표는 멈출 수가 없구나.

아가들아
영원한 사랑으로
세상을 밝힐 꺼지지 않는 촛불이 되자꾸나.

고희의 고백

겹겹이 쌓인 세월의 더께에 짓눌려
정에 지친 허기진 육신
노을 깃든 인생의 황량한 현주소다.

메마른 시간과 공간이
다시 번복되지 않는 삶의 마감은
피할 수 없어
어떤 힘으로도 저항할 수 없는
결국 혼자 떠나는 길

학위도 자격증도
시대적인 급류에 휘말린 굼뜬 행동
막아 설 자 뉘란 말인가.

여유로운 몸짓과 신드롬보다
배려할 수 있는 관용이
물거품 되버린 고령화
고즈넉히 지는
햇살을 관조하는 마음의 여로
어둠으로 자꾸만 간다.

4부

홀로 걷는 길

그리움의 덫

안개비 내리는 산자락 따라
아슴한 능선에 얼비친
머리 푼 억새풀의 고뇌
영혼의 올가미 쓰고
그리움을 안은 채
가을의 덫에 표류한다.

적절한 기도를 편집하는 공간
망각의 각질을 벗길 수만 있다면
고독의 속살 아림을 달래 줄
추억의 깊은 골짜기

꿈결 같은 고요가 안으로,
안으로 밀쳐둔 언어들이
침묵을 깨우며 잔잔히
홍분을 밀어올리는
메시지를 전한다.

맑은 물 소리 모아
하루분의 햇살무늬로 짜낸 모자이크.

고찰에서

가던 길 잠시 멈추고
기지개를 켜는 가까운 거리에서
하루라도 더 날고 싶은 새들은
늪속으로 아찔한 질주를 한다.

높은 빌딩과 기척이 없는 늪,
먹이를 찾아 좌우로 부딪히며
겨울잠을 자지 않는 한적한 산사

불씨 지킨 종부
넓은 함지박에 손때 묻은 장독세간
앞뜰뒤뜰 디딘 발자국마다
너그러운 차향이
풍겨나는 단아한 고찰

촛불

올곧은 마음
홀로이 사르려 한다.

온갖 질시
무던히 참았던
이 가슴

하얀 피가
껍데기로 남은
허무한 몸뚱이
한줌의
회색빛 재로 남을 텐데…

이제라도
어둠을 가르는 빛 하나로
태우리라

무지개가 뜰 때까지.

외로움

초록이 지쳐 단풍이 든 산길
운무 사이로 보일 듯 말 듯
고고한 가을이 온다.

스쳐지나 갈 수 없는
진분홍 코스모스 홍겨운 춤사위
막힘없는 햇살이
황금물감으로 물들어가는
가을의 정취에
흠뻑 빠져본다.

몇 걸음 걷다보니
아련한 추억이 손짓하는
여운 남긴 하루가
하얀 꽃 피어나는 검은 머리
억새 밭길로 하산하는
발걸음이 무겁다.

고독

온몸을 부빈다.

산들바람 일면
물안개 타고 온
노랑 물결 사이로
어깨를 부여잡은 벼이삭
신열을 삭인다

따가운 가을 햇살
층층 다랑논 두렁
쌍쌍이 여행하다
멀미하는 메뚜기 틈새 비집고
오솔길을 걷는다.

무심코 집어든 돌멩이
파란 하늘에 던진다.
귀갓길 서두는 저녁노을
귀뚜라미 합주곡이
등짐을 나누자며
심연을 흔든다.

홀로 걷는 길

외로움 싸돌다 디딘 자욱마다
빼곡한 잡초들이 짓밟혀
누운 하얀 길이다.

허허로운 마음 둘 곳 없어
멋대로 구르다 채인
크고 작은 돌멩이
벗을 삼을까.

햇살 등에 이고
미소 띈 그 길에서
멈추지 않는 걸음
따르는 동반자 있어
돌아보니
땅 닿는 발자국 소리가
영원한 동반자이다.

회한

어디쯤 더 가야할까.

11호 자가용 투덜대는
소리가 심상치 않다.
조이고 기름칠을 한다 해도
불만을 채우기란 역부족인 걸.

너덜거리는 세상
아무 생각 없이 가라앉은 고요
향방 없는 발길을 야유한다.

어디쯤 더 가야할까.

멈칫 멈칫 멈춰 섰던
씁쓸한 추억들을 되새기며
달콤한 메시지를
써 봄직도 하건만
아니 걸어온 만큼
되돌려 다시 태어날 수 있으련만.

보름달이 된 마음 하나

숲길을 걷는다.
산허리 감싸도는 골짜기마다
바람 소리에 들뜬 가지들.

작렬한 땡볕에 붉힌
능선마다
활활 태워버릴
저마다 능숙한
자태의 몸짓으로
수다를 떨어보지만

늦가을 삭풍에 젖어
서러움 안고
볼품없는 빈 나무 가지
안개꽃이 만개한 날,

저만치 어둠을 가르는
만추의 산
가득 채운 마음 하나로
보름달이 떠오른다.

나도 한 잎 낙엽 되어

산자락 끼고 흘러가는 강물이
반짝이는 물이라
눈물이 그렁그렁
나도 한 잎 낙엽 되어
눈물처럼 흐르고 싶다.

맑은 얼굴로 다가오는 낯선 하루
해가 담긴 수많은 화산이
섣불리 다가오지 말라고
산은 안개를 드리운다.

슬픔을 애써 감추려고
안개에 잠긴 호수
아무리 힘든 삶이라고
결코 드러내지 말라고

시간에 오래 묶인 상황들이
욕심을 버린 모습이라면
그림자처럼 다가오는 호숫가
물들어가는 낙엽처럼 구르고 싶다.

자원봉사

생명 잃은 생태계
숨 쉬는 소리 찾으려
자원해서 모여든 인파들

우주에서 온 외계인들처럼
북적대는 바닷가
칼바람도 아랑곳 않고
북극 펭귄 날갯짓으로
파내고 닦아낸다.

파도와 함께 춤을 추며
끼룩대던 갈매기 소리
평온했던 서해안의 여운을 남긴
밀물 썰물 밀려간 뒤

물결 따라 굴러와
바윗돌 밑에 깔린
조약돌 하나
숨통 조인 까만 옷 싫다
투덜대며 새 옷 타령을 한다.

천재도 아닌 인재로
10년 공칠 태안 생존권
내손 네 손길 모아
5년 앞당기자
일어선 아름다운 마음씨
서해안에 사랑으로 싹이 튼다.

*2008년 1월 31일, 대전시청 소속으로 태안 자원봉사를 다녀오다.

망각

무심코 툭 채인
빈 깡통
요란한 소리
질러대며
굴
러
간
다.

발길 닿는 대로
무작정 간다.
호들갑 떨다
초점 잃은 눈
그
냥
간
다.

욕망

유년시절 외딴집 하루 소일거리
유일한 말동무였던 미루나무
좀 더 높은 곳에서
좀 더 멀리 보고 싶은 욕망
생기 넘쳐 용솟음치는 몸짓
뿌리의 박동소리가 아우성 친다.

온몸을 휘감기는 바람에 맞선 세월
부대낀 옷자락을 애써 여민 미루나무
칠흑의 밤 비몽사몽
빨갛게 부은 뺨을 달래주며
툭 터진 한마디
어리석음을 토하다 누워
어둠을 가른 햇살에
식은땀을 닦는다.

눈치 챈 바람은
앉았다가며 손사래친다.
노을빛 모아 다시 쓴 엽서 한 장
배곡이 써 내려도 못다 쓸 미루나무 잎새.

07학번 열공생

거기에 꿈이 있습니다.
여명의 고운 터

떠오르는 날빛처럼
설레는 마음으로 시작하는
캠퍼스를 가득 매운 다부진 꿈은
새벽별을 헤이는 기다림이다.

어둠을 가르는 동녘의 햇살에
씨앗의 위대함은
편견과 아집을 허무는
아픈 껍질이 터지는 순간이다.

아름다운 진실을 담아
갈등과 모순을 치유하는
서정의 무지갯빛 깃발은
작은 손사래를 이순에 친다.

이순耳順의 몸살감기

밤새 울다 지친
관절 마디마디가
돌아누울 때마다
삭정나무 부러지는 소리에
나도 모르게 놀란다.

깊은 밤 뒤척인
물기마른 까칠한 입안
달구어낸 익모초
한잔에 비할 만큼 쓰디쓴
입술이 떨어질 줄 모른다.

등줄기에 찬물을 끼얹는 듯한
오한이 들어 온몸이 시리다.
쩔쩔 끓는 구들방
아랫목 생각이 간절하다.

바람의 꿈

문패 없는
하늘 끝 바람의 집
커다란 나뭇가지
똑똑 두드리는 소리에
와락 문 열어 젖힌 여린 순
도망가는 바람소리를 듣는다.

바람이 흔들 때마다
구름에 묻힌 별
반짝이며 깨어나고
아직도 꿈만 꾸는
여린 순을 깨운 바람아

삐죽삐죽 제 몸 내미는
여린 순이 꿈을 펼 때까지
번지 없는 바람.

내 꿈은 바람이다.
하늘과 땅 사이
뜻대로 오가는 내 꿈은 바람이다.

회고

만월을 기다린 반백년
정월대보름
소중한 명제 하나
혁신대는 가열 참이 꿈틀대는 순간
바람을 타고 오르는 거침없는 활주로
회복의 탄력을 자아내는 몸짓으로 도약하다
잿빛 하늘 가른
눈부신 햇살 쏟아지는 정오
자발성 피드백이 발동한
얼레의 행복한 하루다
만나고, 헤어지고, 멈춰 설 때마다
숨죽여 우는 고단한 발등이
차면 튀어오를 공이고 싶어
탄력을 불어넣는 바람이고 싶어
혼돈에 빠졌던 영상의 엇갈린 꿈
채울수록 넘쳐나 만월에 넉넉함은
이순의 내 모습인가.

현주소

밀물과 썰물을 품어 앉은 바다
기억의 퍼즐들은
잔잔한 윤슬의 리듬을 탄다.

해마다 찾아드는
철새 떼를 헤이는가!
모래알을 헤이는가!
바다는
쌓아올린 모래톱을 넘어
호수를 이룬다.

쉼없는 파도는
온몸을 휘감아 용솟음쳐
물이었다가
흙이었다가
천년 세월에 조각난 햇살
한줌씩 모아 쉼표를 찍은
내 인생
현주소에 새겨 놓는다.

낙오의 즐거움

동면을 깨우는
알싸한 봄 냄새
초당 뜨락의 목련은
나신으로 가득 눈이 부시건만

담 너머로 펴내는 수심
새벽기도를 쉬지 않는다.

절실히 찾던 지름길
긴 순례의 길 돌아온
시간의 성채

붙들어 맬 수 없는 영혼은
조용히 가슴을 열고
다시 가던 길을 재촉한다.

고향생각

감꽃 목걸이 걸어
주신다던 님
오늘도 산자락을
맴돌다가 바람에게
소식을 물어본다.

늘 설레는 마음
어둠 벗겨 나래치고
꿈에서나 떠오르는
해처럼 만남이 되기를

고향 떠난 사십 여 년
시리게 살아온 악몽에서
헤어나고 싶어
어릴 적 고향 돌담에 쌓았던
학같이 고운 심성
하늘 향해 올리는 기도

귀향

섣달답지 않은 들녘
봄 익어가는 아지랑이
피어오를 듯이
햇살이 따사롭다.

쌀가루 켜켜이
팥 고명 올린 시루떡
앉혀 놓은 논갈이
녹아내리는 설원이 보인다.

몇 날 지나면 귀향하는
도시 사람들로 북적일
설 준비하느라
고향 지킴이들의 바쁜 일손

오랜 세월 기다림을
이정표에 새겨놓은 정
화해와 용서로
아픈 곳 어루만지며 마주잡은 손길.

고향길

실개천 얼음 풀린
둑길 걸으면
내안에 감춰진
어둠이 밝아지는 길

어깨를 들썩이며
호기 넘쳐나던 얼굴
마주보며 웃던 길

방대한 벌판
해가 뜨고 자더니
바람 불고 자면
뿌려진 풀씨 하나
초록빛 싱그러운 그 길

고향집 뜰
골목길까지 지천으로
흐드러진 꽃길
와락 달려가 안기고 싶은 길.

못 잊을 고향

이 골목 저 골목
온 동네 누비던 꿈돌이들
디딘 발자국마다
이끼 낄 사이 없던 내 고향
출세 길 따라 고향 떠난
골목대장들
빌딩 숲 둥지 틀다 오존에 퇴색직전
'지켜라' '뺏어라' 자리싸움에
논밭이랑 바삐 오가며
굵어진 뼈마디 절여오는 농부의 한恨
앞가슴 여밀 틈도 주지 않는 북서풍에
실컷 울고 마음껏 통곡해도
풀 길 없는 후회를 한다.
아직도 불을 지피면
밥 익는 냄새가 날 것 같은 고향집
별빛의 옹알이를 보는 새벽
흙냄새가 그리워
귀농 길을 서둔다.

찾아간 고향의 봄

안개 걷힌 아침
푸른 들을 앞마당 삼아
시작하는 하루
먼 발치
겸손함을 가르치는
허리 구부린 조선 소나무를 본다.

양지쪽 여린 쑥
도란거리며 돋아난 향
코끝을 자극할 때
보리밭 이랑마다
기지개 켜며 물오르는 소리

은빛 서린 마늘밭
싱싱함으로 휘두름을
바람이 멈춰 세우다

진흙탕에 묻혀 산 서러운 삶
비켜가는 햇살 한 움큼 받아
무성히 내품는 미나리깡의 짙은 향

활기 넘치는 촌락
씨 뿌릴 차비를 서두르니
뜰 안 가득한 고향의 봄
올해도 어김없이 한잎 두잎
벙그는 꽃 소식 받은 날.

강경포구 젓갈 축제에서

유유히 흐르는 금강줄기
1930년대 전국 4대 시장으로
손꼽히는 소달구지며
사람들로 북적댔다.

열 살 남짓 어린 나는
삶은 우거지 양푼에 이고
산더미 같은 열무
광주리 이고 가는 엄마 뒤를
인파에 떠밀리듯
팔러 갔던 기억이 생생하건만
그 많던 사람들이 썰물처럼
빠져나간 시장 골목이 황량하다.

오롯이 남은 한약방
낡은 문지방
약재를 매달았던 녹슨 못이
한 서린 물기에 젖었어도
한 첩의 탕제는 시린 맘을
온기로 데워준다.

정 때문에 떠나지 못하는
선술집이 발길을 끌어들여
아련한 추억을 더듬는 골목이다.

염장기술의 전통으로
폐쇄된 시장의 명성을 되찾으려
강경포구는 활기가 넘쳐난다.

죽지 않는 나로 살게 하소서

—장기 기증 예약을 마치고

헐떡이는 숨결도,
저녁노을 깃들면
저무는 하루

긴 목에 하얀 분 바른 이
회전의자 굴려 연회 베푼 자리,
포장 걷는 밤을 맞는다.

그 몸짓 그 음성
깊은 잠에 취한
옛 사람 되기 싫어
새 아침을 깨우신 이에게
감사의 기도를 드린다.

목마른 샘이 되어
한주일 정화기에 매달려
삶을 영위하는 이의 고통을 덜어주는
생명수가 되어 살게 하시고,
보지 못한 어린이의 빛이 되어 살게 하소서

소년의 잠자던 뇌세포가 되어 함성을 지를 땐
그녀의 창문이 흔들리는 소리가 되게 하시고,
골육과 근육의 섬유질, 신경으로
저는 다리를 걸을 수 있는
기쁨이 된다면

세상 유혹 따라 사는 동안 지은 죄
빨간 불사른 재를 남기면
들꽃들이 자라도록 바람에 뿌려주오!

먼 훗날 그들로 내가
영원히 죽지 않는 나로 살게 하소서.

■작품해설

인동초의 꽃, 죽지 않는 인간정신

— 백명자 시인의 시세계

조 남 익 시인

1 만학도의 문단 데뷔

소선(小仙) 백명자(白明子) 시인을 내가 만나게 된 것은 대전문예대학에서였다. 2006년 3월 사단법인 문학사랑협의회에서 문을 연 대전문예대학은 지금도 계속하고 있지만, 매주 목요일 오후 6시부터 초보자·기성문인을 가리지 않고 모여 작품합평회를 갖고 저녁 식사 후에 헤어졌다. 그해 5월부터 빠지지 않고 열심히 나온 것이 백명자였다. 성격이 밝은 편이었고, 처음에는 작품이 너무 거칠었으나 날로 좋아져 갔다.

백명자는 1년 후인 2007년 3월에 건양대학교 문학영상학과에 입학한다. 이미 회갑에 들어선 나이였다. 주변의 놀라움은 컸다. 배움도 만학도였지만, 부군(김영우)이 뜻하지 않은 교통사고로 뇌병변중증 1급의 판정을 받고 지난 2년 동안 중환자실에 있다고 했다.

그러나 이런 가정적 환경을 뚫고 그는 그해 월간 ≪문학세계≫(7월호)와 계간≪문학사랑≫(겨울호)에서 시부문 신인상 데뷔의 추천을 받는다. 대전문예대학의 숨은 성취가 그에게 있었다.

≪문학세계≫의 추천작품은「우리 엄니」「07학번 예순한 살 새내기」「간병일기 1」「간병일기 4」「봄꽃들」 등 5편이었고, 「심사평」(박곤걸, 정남채, 윤제철, 김경문)은 다음과 같다.

> 그는 오랜 습작기를 통하여 탄탄한 작품 세계를 조화롭게 열어가고 있다. 시를 많이 써본 솜씨임에 분명하다. 오랜 경륜을 통하여 시적 화자의 뿌리도 자리를 잡고 있다. 시의 맛과 멋을 감칠맛나고, 조화롭게 풀어가면서 생활상을 담담하게 노래하는 그 풍요로움이 눈길을 끈다.

그해 12월 첫시집『질경이의 기도』(오늘의문학사.2007)가 나온다. 회갑의 해에 대학 입학, 문단 데뷔, 시집 출간 등 기적과 같은 성취가 찾아온다. 그것도 저절로 이루어진 것이 아니라 온갖 역경을 딛고 일구어 낸 것이다. 대전문예대학도 논산 시외에서 다니며 밤 늦게까지 고생했다.

> 생과 사를 회피하는
> 가파른 심호흡
> 식어지는 몸에 혈을 심는 기도
>
> 생살이 으깨져
> 조각난 뼈마디마다

산소 호흡기에 의지하는 맥박
바람결에 떨리는 문풍지처럼
들락거리는 숨결

애써 외면해 버린
영안실의 푯말이
멀어졌다 가까워지는 절규에
오그라드는 가슴

동공을 향해
번득이는 반사경
온몸 바쳐 드리는 기도
그 영혼에 눈물로
그려낸 무지개

—「간병일기 1-중환자실에서」 전문

이 작품은 ≪문학세계≫ 당선작에서는 「간병일기 4」로 되어 있는데, 여기선 첫시집의 표기에 따라 「간병일기 1」로 한다. 「간병일기」는 연작시로 1에서 12번까지 있으며 모두 부군에 대한 간병의 기록이다.

이 시는 매우 절박한 상황을 표현하고 있음에도 비교적 차분한 냉정을 유지하고 있음으로써 시의 기틀이 흔들리지 않는다. 각 연은 전부 "기도 · 숨결 · 가슴 · 무지개" 등의 명사로 매듭을 짓는다. 이와 같은 기법은 시의 집중도를 높이고 시가 안정되는 잇점이 있게 된다.

종연의 마지막 "그 영혼에 눈물로/ 그려낸 무지개"의 '무지개'에 의하여 '중환자실에서'란 부제가 있음에도 시의 권능을 유지한다고 할 것이다.

시의 구조란 논리적 체계를 벗어나는 장르이기 때문에, 언어의 독특한 자율적 원리에 의하여 형성된다. 시에만 쓰이는 언어로서 언어의 독립성을 강조한 것도 오랜 전통을 지닌다. 백명자 시인은 그의 사적 체험을 녹이는 좁은 서정에서 나름의 절제와 조화가 있다. 감정을 억제해 내는 시인의 이성과 연치가 스민 결과라고 할 수 있다.

열일곱 꽃댕기 풀어
시집온 새아씨
생솔 타는 연기에 숨어
눈물 흘린 시집살이

앞 냇가 얼음물에
쳐 내려도 쳐 내려도
쓸어내리지 못한
방망이질

해를 거듭한 지친 삶
가슴에만 묻으시다
여덟 송이 꽃 둥지 안에 옮겨 심으신
우리 엄니

아직도
내려줄 사랑이 넉넉하신
자투리 지지 않는 지덕으로

섬김의 뜻 나눔의 뜻으로
한 삶을 사신 골 깊은 얼굴
연지곤지 분첩 단장으로
잃어버린 엄니 얼굴

다시 찾은 날
—「우리 엄니 2—아흔 여섯번째 생신을 맞아」 전문

≪문학세계≫에서 앞의 「간병일기 1」 등과 함께 당선작의 하나인 「우리 엄니 2」는 친정어머니의 96회째 생신을 맞아 쓴 일종의 사모곡이다. 열일곱에 시집 와서(1연), 빨래 방망이질(2연), 8남매를 낳아 기르신 일(3연), 자투리가 아닌 더없이 큰 덕으로(4연), 골 깊은 얼굴이요, 잃어버린 엄니 얼굴을 아, 오늘은 “다시 찾은 날(생신)”이네(5연)로 이어진 것인데, 구성상에 고도의 복선이 있다. 곧 마지막 시행 “다시 찾은 날”로 어머니의 일생이 집약된 플롯이다.

백명자 시인의 모친에 대한 시는 「나의 어머니」 「장독대를 보며」 「어머니의 명상」 「손마디」 등 여러 편이다. 곡진한 효녀의 마음이 조화된 좋은 수준을 유지한다.

2 8남매의 낙엽, 인동초

백명자 시인은 5남3녀의 8남매 중 여섯번째의 출생으로 태어난다. 글 쓰는 일을 좋아했고 쓰는 일을 게을리하지 않았다. 그는 마침내 중학교와 고등학교의 검정고시를 거쳐 대학에 진학하게 되며, 문단에도 오른다. 어려운 환경을 이기고 인동초처럼 부활한 입지전적인 시인이다.

인동초는 겨우살이덩굴로서 산기슭 같은 데서 자생한다. 잎은 마주나고 긴 타원형이며 가장자리에 톱니가 있고 털이 있다. 5월에 향기 좋은 꽃이 피며, 가을에는 열매가 검게 익는다. 줄기와 잎은 인동(忍冬), 꽃은 금은화(金銀花)라고 하며 한방에서 약재로 쓴다. 백명자는 누구보다도 강인한 생명의지를 지닌 시인이었다.

작은 키로 구르다
잿불이 될 걸

지천으로 자라서
억세게 버둥대다

곡식을 위해 뽑혀 버린
머리채의 따가움

온몸을 다 주고도
돌아누울 자리 없어

부르르 떨다
서로 비빈 아우성

목숨 걸고 살아가는 것이
어찌 죄란 말인가.

—「잡초」 전문

「잡초」란 작품은 2편이 되는데, 여기선 첫시집 것을 선택한다. 이 시의 비유는 요긴한 뜻을 깊이있게 다룬다. 말하자면 "잡초 · 잿불 · 곡식 · 아우성 · 죄" 등의 시어가 은유의 뜻으로 쓰인 시적 변용을 보인다.

'잡초'가 '서민의식의 생명의지'라면, '잿불'은 아주 작은 서민이다. '곡식'은 일반적인 서민이요, '아우성'과 '죄'는 서민의 저항의지 또는 삶을 가리킨다.

백명자의 시의 어법은 한국 여인의 토속적인 삶속에서 건져올리는 전통지향의 서정시이다. 전통은 과거의 것이면서 동시에 현재의 것이었다. 그가 보여주는 소박하지만 끈질긴 서민적 인생중심주의에 이 시는 지금까지 파묻혀있던 한국 여인의 혼을 끌어올린다. 그는 인동초의 자기 갱신에 의한 진실을 시에 점화시킨다.

그는 ≪문학사랑≫의 당선소감에서 자신을 오빠들에게 눌려서 조용히 내려앉은 '8남매의 낙엽'이라 했다. 본문을 보이면 다음과 같다.

> 어느 날 푸르던 가지 잎새들이 노오란 옷을 갈아입은 오솔길을 가다가 발치에 밟히는 은행잎 소리를 들었다. 이순이 가까이 되도록 배움의 끈을 놓을 수 없는 열정, 환갑에 이르러서야 꿈을 이루어 대학에 입학을 했다. 다른 희생을 위해 침묵하는 낙엽의 겸손함. "나 또한 8남매의 낙엽이었다." 오빠들에게 눌려서 조용히 내려앉는 낙엽이었다. …백명자의 새로운 시작이다.

다음은 「산이 주는 신약」이다. 시인은 드디어 자신이 인동초의 삶에 있음을 자각한다. 그것은 또한 산이 주는 신통한 효험의 약이라고 선언한다. 결코 좌절하지 않는 유연한 세계인식이 거기 있었다.

> 작은 가슴
> 순백의 시혼을 펼친
> 인동의 세월뿐이다.

서리 묻어
시린 바람 소리
절벽 끝 얼음 골짝
혼자선 달빛 아래
눈물 되어
한줄기 빛을 따라
어둠을 뚫는 여명

행로를 넘는 월동
인생의 절정에서
냉엄한 삼동의 역경
인동의 세월뿐이다.

시간과 자연이
겹겹이 둘러쳐진 산!
산!

차가운 칼끝을 가르는
겨울을 이긴 나무들
잘려져 세운 통속의 꿈은
내게 있어 산이 주는
인동의 신약이다.

— 「산이 주는 신약」 전문

「산이 주는 신약」은 백명자 시인이 도달한 정신의 높이이며, 절정(絶頂)의 미학이다. '산이 주는 신약(神藥)'이란 제호부터가 그만의 세계에 대한 일종의 득도가 아닌가. 창작이란 누구도 도와줄 수 없거니와 또 누구에게도 속박될 수 없다. 자신의 내면으로부터의 부름에 충실할 따름인 것이다.

이 시는 5연이지만, 인동의 세월(1~3연), 시간과 자연 속의 산의 옹호(4연), 산이 주는 인동의 신약(5연)으로 요약된다. 대부분 사람들은 '인동의 세월'을 이기지 못하고 울부짖으며 좌절한다. 그러나 이 시인은 천지자연의 만물처럼 깊은 섭리에 스스로 도달하며, "차가운 칼끝을 가르는/ 겨울을 이긴 나무들"이 되고, "내게 있어 산이 주는/ 인동의 신약"이란 구원을 얻는다.

예술가란 자신만의 법칙을 가지고, 스스로 혼자가 되며, 혼자만의 예술에 이르는 길인 것이다.

3 시의 문학성을 찾아서

흔히 말하는 시의 문학성이란 무엇일까? 모든 생명체엔 살아가는 원리가 있듯이 시에도 원리와 관습이 있어 살아있는 시를 창작하게 된다. 생명체들이 독자적인 삶의 원리를 가진 것처럼, 시도 독립된 구조와 가치관이 있게 된다.

일찍이 아리스토텔레스는 뿔 달린 암사슴이란 세상에 실재하지 않으나, 그림만 잘 되었으면 좋은 그림이고, 뿔 때문에 그림으로서의 가치가 없어지는 것은 아니라고 했다. 예술이란 실재를 잘 모방하는데 있는 것이 아니라, 예술가의 창조적 가치가 더 중요하고 우선함을 가리킨 것일 것이다.

널리 알려진 것처럼 사상성과 예술성이 서로 등가(等價)의 조화를 이루어야 훌륭한 작품이고, "시는 사상을 장미의 향기처럼 직접 느끼게 하는 것"이라고 한 것은 T.S 엘리어트였다.

우리나라의 서정주와 정지용도 문학성이란 표현의 도에서

먼저 찾았고, 그 다음이 정신주의 곧 사상성이었다.

서정주는 '시의 기예(技藝)'를 들었다. 이를테면 시의 플롯, 이미지, 수사법, 리듬, 어휘, 표현 감각 등 '언어적 기예'에 의한 '작품'이 먼저 되어야 함을 뜻했다.

정지용은 언어와 표현의 아름다움에 대한 관심이 누구보다도 컸다. 이를테면 언어의 남용을 경계하였고 언어의 절제와 긴축에 대해서 신인들의 작품을 고를 때 누누이 강조했다. 정지용은 "언어는 시인을 만나서 비로소 혈행(血行)과 호흡과 체온을 얻어서 생활한다"고 했다.

고추의 매운 맛 무서운 줄 모르고
엿기름 단맛에 솔깃한 찹쌀밥
말 한 마디 못한 채
섞이고 뒤흔들어
체면 다 구겨져도
깊은 뜻 이루려고 참고 있을 뿐이다.

변함없는 항아리처럼
깊은 뜻 이루려고 참아내신 일생이라고
항아리가 내뿜는
고추장 향이 뜰안 가득하다.
어머니 손때 묻은 깊은 뜻 뿜어내는
가지런한 장독대 드리운 햇살
유난히 눈이 부시건만
오늘은 기척이 없으시다.

의료진이 다녀가도 눈을 감은 채
가끔씩 가늘한 숨만 쉬고 있을 뿐이다.
장독대를 가르키며

내 손을 꼭 잡으신다.

—「장독대를 보며」 전문

백명자 시인은 그의 체험적 인생관이 선홍처럼 물드는 시를 쓴다. 특히 예민한 감수성에 의한 표현법은 구어체의 시풍에서 무르익은 말의 분위기와 맛을 잡는다. 「장독대를 보며」는 고추장이 있는 장독대로, 그 장독대의 주인공인 어머니와의 플롯이 형성된다. 우리 식탁에서 빼놓을 수 없는 고추장은 메줏가루에 질게 지은 밥이나 떡가루를 익혀 버무리고, 고춧가루와 소금을 넣어서 담근 매운 장이다. 한국 여인의 생활감정에서 고추장이나 장독대처럼 요긴한 것도 없을 것이다.

이 시의 예리한 맛은 그 깊이에서 온다. 말하자면 매운 고추장을 담고 익히는 과정을 보인 1연이나, 장독대와 어머니의 '깊은 뜻' '고추장 향' 등이 적시된 2연 등이 모두 사물의 표리가 함께 이루는 투명한 표현을 보인다. 시의 문학성이란 바로 이런 무르익은 '장미의 향기'를 만나는 것이 아니겠는가. "어머니 손때 묻은 깊은 뜻", 그러나 그 어머니는 이제 의료진이 다녀가야 하는 플롯 형성도 예사롭지가 않다.

시정신은 티끌 속에 살아도 티끌이 몸에 묻지 않는 고결성으로 인하여 그 문화적 책무를 지고 왔을 것이다. 고추장이나 장독대도 이제는 갈수록 사라져가는 사물이지만, 모처럼 시에 의하여 살아있는 뜻을 느끼게 한다.

1
곡예사 같은 어린 너
깎아지른 벽에 일생 건 갈퀴손
겁없이 오르다
시퍼렇게 멍이 든 곡진한 삶

시름을 벗어놓고
번뇌도 털어내는
한가위 보름달 그리워
구름도 비켜가라
재촉한다, 바람에게

2
하늘빛 궁금한 충전의 시간
제철을 만난 듯
손톱을 세워 움켜쥐고
화려한 외출을 시도한다.
끈질기게 오르다
삶의 무게 실감할 때
쉼표 하나 찍은 허무함
뼈에 사무치도록 아려온다.

서리 내린
어느 날
처절한 내리막길에 설 줄이야.

—「담쟁이」 전문

앞에서 본 「잡초」에서 백명자 시인은 "목숨 걸고 살아가는 것이/ 어찌 죄란 말인가"(종연) 하고 서민의 생명의지를 절규한다. 담이나 벼랑 등에 달라붙어 덩굴손으로 기어오르는 「담쟁이」에서는 무엇을 보았을까. "겁없이 오르다/ 시퍼렇게 멍이 든 곡진한 삶"이지만, '한가위 보름달'을 그리워하고 '화려한 외출'을 시도한다. 생명의지의 확장이라고 하겠다. 오우 헨리의 단편 「마지막 잎」(1905)도 담쟁이 잎이었다.

「담쟁이」는 단순한 사물의 시각적 처리에 대한 나름의 진전을 보이는 작품이다. 방법론적으로 그의 시가 진척된 것은 사물과 의미의 현대적 배합과 조화의 성취이다. 가령 '하늘빛 궁금한 충전의 시간' 또는 '쉼표 하나 찍은 허무함' 등은 주지적 현대 서정시의 무늬인 것이다.

오늘날 서정시 또는 순수시라는 협의의 개념은 상당한 타격을 받는 시기에 있고, 또 시인 스스로도 정리할 필요가 있을 것이다. 우리 주변엔 관습에 젖어 정서 음미의 좁은 서정에 갇혀 있는 시가 의외로 많은 편이다. 뜻은 우러나오지 않고 말장난에 떨어질 뿐이다.

「담쟁이」는 리듬감각이 배어있고 뜻의 절정을 생략법 또는 도치법의 활동에서 거둔다. "서리 내린/ 어느 날/ 처절한 내리막길에 설 줄이야"(종연)는 과감한 생략인데 극적인 효과가 높다.

시의 문학성에서 표현의 도는 여전히 유효하다. 처음 시상을 잡았을 때 첫구절을 못 잡은 시는 아예 쓰지 말 일이다. 다시 기회를 기다려야 한다. 발레리는 시의 첫구절은 신의 계시라고 했다.

시 「담쟁이」는 가볍게 시작해서 날카롭게 나아갔고, 현대적 서정의 옷을 입었어도 무겁지가 않다.

4 죽지 않는 인간정신

백명자 시인은 이제 질풍노도의 시기를 잠재우며, 여러 편의 수작을 정돈시켜 가는 놀라운 경지에 이른다. 성스러운 대지의 위대한 산출이 그에게 있었다. 여성 특유의 수용정신을 펼치며, 자아세계의 창조적 합일과 성숙이 있었음이다.

시성 정지용은 그의 「시와 언어」에서 "시신(詩神)이 거하는 궁전이 언어요, 이를 다시 방축하는 것도 언어다"라 하면서, '시와 언어는 Incarnation적 일치'를 들었다. 신이 예수로서 지상에 태어나는 강생(降生)처럼, 또는 부처가 중생을 구하려고 인간이 되어 임시로 세상에 나타나는 일처럼 시와 언어의 완전한 화신(化身) 일치를 말한 것이다.

어떤 대상이나 사상일지라도 그 추상적인 특질을 구체화하고 또는 유형화함으로써 시는 형상을 얻어 세상에 태어나는 것이다.

문패 없는
하늘 끝 바람의 집
커다란 나뭇가지
똑똑 두드리는 소리에
와락 문 열어 젖힌 여린 순
도망가는 바람소리를 듣는다.

바람이 흔들 때마다
어둠에 묻힌 별
반짝이며 깨어나고
아직도 꿈만 꾸는

여린 순을 깨운 바람아

삐죽삐죽 제 몸 내미는
여린 순이 꿈을 펼 때까지
번지 없는 바람.

내 꿈은 바람이다.
하늘과 땅 사이
뜻대로 오가는 내 꿈은 바람이다.

—「바람의 꿈」 전문

바람처럼 다양한 이미지를 갖고 있는 것도 없을 것 같다. 유동적인 그 속성은 세상의 모든 흥망과 성쇠의 원리에 짝지워질 수 있을 것이다. 「바람의 꿈」의 '바람' 역시 세상의 질풍노도이면서 또한 내가 되고픈 무소불위의 권능적 존재가 된다.

백명자의 수작들은 거의가 시의 리듬, 표현 감각, 시행 운용, 지적 무늬 등이 언어 시신의 깃이 사뿐히 내려앉은 시의 궁전을 방불케 한다.

앞에서도 잠깐 언급하였지만, 자연스러운 물이 흐르는 듯한 구어체에 녹아 있다. 음성으로 나타내는 말, 일상 회화에 쓰는 입 말투인 것이다. 어느 곳을 명사로 끝내고, 어느 곳은 어순을 바꾸며, 어느 곳은 음성어를 쓴다.

문패 없는
하늘 끝 바람의 집
커다란 나뭇가지
똑똑 두드리는 소리에

와락 문 열어젖힌 여린 손

「바람의 집」의 도입부(1연)인 여기 표현들은 명사로 끝난 곳(집·손), 음성어(똑똑), 의태어(와락) 등이 기능한다. 그런가 하면 "여린 순을 깨운 바람아"(2연)의 영탄법, "번지 없는 바람"(3연)의 명사로 끝내기, "내 꿈은 바람이다/ 하늘과 땅 사이/ 뜻대로 오가는 내 꿈은 바람이다"(종연) 등에서는 다시 1연 도입부의 호흡에 맞춘다.

극단적인 시의 왜곡, 정체불명의 언어 남발로 오늘날의 서정시 하면 많이 위축되었을 뿐만 아니라. 그 가치관도 조금은 퇴색했다. 그러나 백명자의 경우는 알게 모르게 시의 원천에서 시의 깊은 뜻을 헤아린다.

「바람의 꿈」의 '바람'은 시인의 넋이다. 그는 회갑이 되도록 "문패 없는/ 하늘 끝 바람의 집"(1연)에서 살았고, 그것은 "바람이 흔들 때마다/ 어둠에 묻힌 별"(2연)이었다. 어찌 보면 너무 허황했던 그의 바람은 "번지 없는 바람"(3연)이었다. 고난어린 여인의 삶이 새롭게 승화된 사유의 깊이에는 성녀의 담백한 숨결이 깃들었다. 그의 넋이 부활하는 바람소리가 있었다.

헐떡이는 숨결도,
저녁노을 깃들면
저무는 하루

긴 목에 하얀 분 바른 이
회전의자 굴려 연회 베푼 자리,
포장 걷는 밤을 맞는다.

그 몸짓 그 음성
깊은 잠에 취한
옛 사람 되기 싫어
새 아침을 깨우신 이에게
감사의 기도를 드린다.

목마른 샘이 되어
한주일 정화기에 매달려
삶을 영위하는 이의 고통을 덜어주는
생명수가 되어 살게 하시고,
보지 못한 어린이의 빛이 되어 살게 하소서

소년의 잠자던 뇌세포가 되어 함성을 지를 땐
그녀의 창문이 흔들리는 소리가 되게 하시고,
골육과 근육의 섬유질, 신경으로
저는 다리를 걸을 수 있는
기쁨이 된다면

세상 유혹 따라 사는 동안 지은 죄
빨간 불사른 재를 남기면
들꽃들이 자라도록 바람에 뿌려주오!

먼 훗날 그들로 내가
영원히 죽지 않는 나로 살게 하소서.
—「죽지 않는 나로 살게 하소서—장기기증 예약을 마치고」 전문

이 시는 부제 「장기 기증 예약을 마치고」에서 보듯이, 백명자 시인의 죽지 않는 인간정신을 향한 또 하나의 숭고한 시정신이요, 시의 승리이다. 그는 착실한 기독교인요, 어둠 속의 희망을 보며 홀로 걸어온 정신주의의 시인이었다.

「죽지 않는 나로 살게 하소서」의 '죽지 않는 나'는 그의 신앙과 정신주의 바탕에서 나아가는 영원의 지표가 되었다.

시와 삶을 일치시킨 '장기 기증'은 인간적 가치를 사랑의 정신에 둔 때문이다. 사랑이 지니는 한없는 포용력과 넉넉한 동화력은 바다로 흘러간다. 어려운 시련에도 굽히지 않고 바다로 가는 인동초의 꽃이 거기 있었다. 세상의 모든 강은 바다에서 거대한 하나가 된다. 끝없는 그 수평선에 이르렀을 때, 시인의 시정신은 비로소 삶의 영원에 이를 수 있게 될 것이다.

이 시는 제2시집의 표제가 된 작품이다. 첫시집 『질경이의 기도』가 온갖 풍파에서 구원을 간구한 것이었다면, 제2시집의 '죽지 않는 나'는 고난을 극복한 자의 사랑과 영원을 함께 펼친 것이 된다. 아무나 할 수 없는 '장기 기증'의 헌신과 정신이기에 옷깃을 여미게 한다.

백명자 시인은 '시인 성녀'라 해도 좋을 것이다. 성녀란 가톨릭에서 성인품(聖人品)에 오른 여성을 가리킨다. 그는 '시의 성녀'였기에 "생명수가 되어 살게 하시고/ 보지 못한 어린이의 빛이 되어 살게 하소서"(4연)라고 기도한다. 또한 "소년의 잠자던 뇌세포가 되어 함성을 지를 땐/ 그녀의 창문이 흔들리는 소리가 되게"(5연) 해달라고 소망한다. 시인은 "빨간 불사른 재"(6연)로 남아 들꽃이 자라도록 바람에 부려달라고 호소한다. 그것은 "영원히 죽지 않는 나"(종연)의 길이었다.

백명자는 누구보다도 속세에 파묻혀 있었음에도 분연히

그 어려움을 이기고, 정화수(井華水)와 같은 인동초의 시를 쓰는 시인이다. 그는 관능감각 이상으로 빛나는 인간적 감격과 정신적 고양의 시세계를 구어체의 특유한 리듬 질서에 표현한다. 시인은 마침내 자신이 장기 기증의 예약을 함으로써 영원히 죽지 않는 시정신의 세계와 일치시킨다. 우리 사회에 모처럼 '시인 성녀'의 탄생은 참으로 고귀하고 감동적인 일이 아닐 수 없다.

계룡산이 가까운 상공에 아주 가녀린 듯하면서도 청초한 푸른별이 하나 떴으면 한다.

죽지 않는 나로 살게 하소서

백명자 시집

발 행 일 | 2012년 5월 10일
지 은 이 | 백명자
발 행 인 | 李憲錫
발 행 처 | 오늘의문학사
출판등록 | 제55호(1993년 6월 23일)

주 소 | 대전광역시 동구 삼성1동 125-6 한밭오피스텔 401호
전화번호 | (042)624-2980
팩시밀리 | (042)628-2983
홈페이지 | http://www.lito77.co.kr(홈페이지)
전자우편 | hs2980@hanmail.net

공 급 처 | 한국출판협동조합
주문전화 | (070)7119-1741~2
팩시밀리 | (031)944-8234~6

ISBN 978-89-5669-494-8
값 8,000원